내 손에 쏙,

웨스트민스터 소요리 문답

곁에 두는 일러스트 북

내 손에 쏙, 웨스트민스터 소요리 문답

일러스트 | 강한나 · 강지나

마음지기
Maumjigi

Contents

『내 손에 쏙, 웨스트민스터 소요리 문답』 묵상을 위한 서문

웨스트민스터 회의

1643년 7월 1일, 영국 의회의 소집으로 런던 웨스트민스터 사원에서 기나긴 종교 회의가 시작됩니다. 1649년 2월 22일까지 무려 6년의 시간이 걸린 초장기 프로젝트였지요. 성직자 121명과 평신도 30명으로 구성된 이 회의는 교회의 바른 개혁과 교리 정립을 위해 1,163회 이상의 정기 모임을 가졌습니다. 웨스트민스터 회의는 매 모임이 매우 경건하게 진행됐는데, 어떤 날은 마음의 정결을 위해 장장 여덟 시간이나 예배를 드렸다고 합니다. 교회사를 빛낸 이 회의를 통해 그 유명한 웨스트민스터 신앙고백서, 웨스트민스터 대 · 소요리 문답 등이 만들어졌습니다.

교리, 요리? 먹는 건가요?

중학생 시절에 '요리 문답'이라는 말을 처음 듣고 고개를 갸웃했던 기억이 납니다. '교회에서 음식 만드는 법을 가르치진 않을 테고, 대체 요리가 뭐지?' 하고 생각했던 것 같습니다. 종교적 원리나 이치, 신앙의 체계를 뜻하는 '교리'는 제법 익숙한 용어이지요? '요리'는 바로 이 교리 중에서도 중요한 내용을 뽑아 정리한 '핵심 교리' 정도로 이해할 수 있습니다. 웨스트민스터 요리 문답에는 대요리 문답과 소요리 문답이 있는데요, 196개의 문답으로 구성된 대요리 문답은 설교자의 체계적인 교리 설교를 돕기 위해, 107문으로 구성된 소요리 문답은 어린이 교리 교육용으로 만들었다고 합니다. 그러나 그동안 소요리 문답은 어린이뿐 아니라 청소년과 초신자 및 교리 교육이 필요한 성인 성도에게도 효과적인 교재로 인정받아 왔습니다.

가까이 두고 늘 읽고 싶은 교리

교리 책은 딱딱하고 지루할 것 같아서 손이 잘 가지 않습니다. 물론 깊이 있는 이해가 필요하므로 진중한 해석이 담긴 책으로 공부함이 마땅하지만, 그런 무거운 책과 함께 항상 가까이 두고 묵상할 가벼운 책도 필요하지 않을까요? 그래서 '곁에 두는 일러스트 북'『내 손에 쏙, 웨스트민스터 소요리 문답』을 기획했습니다. 웨스트민스터 소요리 문답은 애초에 교리를 쉽게 가르치기 위해 만든 문답인 만큼, 해석이 없어도 혼자 충분히 묵상할 수 있습니다. 예쁜 그림과 함께 잘 정돈된 기독교의 교리를 한 문답씩 읽어 보고 관련 성구를 묵상하며 하나님과의 긴밀한 교제의 시간을 누려 보세요. 이 책을 곁에 두고 묵상하는 독자들의 하나님을 아는 지식이 더 깊고 풍부해지기를 소망합니다.

종교개혁 500주년을 맞은 2017년 1월의 어느 날,

마음지기 편집부 올림.

하나님과 함께 산책하듯이 기쁘게 교리를 읽고 묵상할 수 있기를

하나님을 아는 사람뿐 아니라 처음 하나님을 만나는 사람도 쉽게 교리를 이해하고 묵상하기를 바라는 마음으로 그림을 그렸습니다. 그림 작업을 위해 웨스트민스터 소요리 문답을 묵상하면서 저희도 많은 은혜를 받았는데요, 이 은혜를 조금이라도 더 잘 흘려보내기 위해 그림 속 아이를 '나'라고 생각하며 표현해 보았습니다. 이 책을 읽는 여러분도 저희와 같이 그림 속 아이가 되어 하나님과 함께 산책하듯 그분을 느끼고 묵상할 수 있으면 좋겠습니다.

학기 중에 그림을 그리느라 육체적으로 꽤 힘든 시간을 보냈

지만, 한 컷 한 컷의 그림이 책으로 완성되는 과정을 지켜보는 일은 정말 설레고 즐거웠습니다. 더욱이 저희의 작은 재능이 하나님께서 기뻐하시는 일에 쓰일 수 있음에 깊이 감사하며, 앞으로도 다양하게 쓰임받기를 소망해 봅니다. 마지막으로 이 책을 읽는 모든 분께 사랑과 축복의 마음을 전합니다.

강한나·강지나 올림.

제1문답

사람의 주된 목적은 무엇일까요?

What is the chief end of man?

사람의 주된 목적은 하나님을 영화롭게 하고 그분을 영원토록 즐거워하는 것입니다.

Man's chief end is to glorify God, and to enjoy him forever.

그런즉 너희가 먹든지 마시든지 무엇을 하든지 다 하나님의 영광을 위하여 하라 _고린도전서 10장 31절

사람의 주된 목적

제2문답

어떻게 하나님을 영화롭게 하고 즐거워할 수 있는지 우리에게 알려 주시기 위해 하나님께서 어떤 원칙을 주셨나요?

What rule hath God given to direct us how we may glorify and enjoy him?

구약과 신약 성경에 담긴 하나님의 말씀이 우리가 어떻게 하나님을 영화롭게 하고 그분을 즐거워할지 알려 주시는 유일한 원칙입니다.

The Word of God which is contained in the Scriptures of the Old and New Testaments is the only rule to direct us how we may glorify and enjoy him.

내가 이것을 너희에게 이름은 내 기쁨이 너희 안에 있어

너희 기쁨을 충만하게 하려 함이니라 _요한복음 15장 11절

제3문답

성경이 주로 가르치는 것은 무엇인가요?

What do the Scriptures principally teach?

성경은 주로, 사람이 하나님에 관해 무엇을 믿어야 하는지와 하나님께서 사람에게 요구하시는 의무에 대해 가르칩니다.

The Scriptures principally teach what man is to believe concerning God, and what duty God requires of man.

오직 이것을 기록함은 너희로 예수께서 하나님의 아들 그리스도이심을 믿게 하려 함이요 또 너희로 믿고 그 이름을 힘입어 생명을 얻게 하려 함이니라 _요한복음 20장 31절

제4문답

하나님은 누구신가요?

What is God?

하나님은 영이십니다. 곧 그 존재와 지혜, 권능, 거룩함, 공의, 선함, 진실함이 무한하고 영원하며 불변하는 영이십니다.

God is a Spirit, infinite, eternal, and unchangeable, in his being, wisdom, power, holiness, justice, goodness, and truth.

산이 생기기 전, 땅과 세계도 주께서 조성하시기 전

곧 영원부터 영원까지 주는 하나님이시니이다 _시편 90편 2절

제5문답

하나님 한 분 외에 다른 하나님이 더 있나요?

Are there more Gods than one?

살아 계시고 참되신 하나님 한 분뿐입니다.

There is but one only, the living and true God.

이스라엘아 들으라 우리 하나님 여호와는 오직 유일한 여호와이시니

_신명기 6장 4절

제6문답

하나님의 신격에는 몇 위격位格이 계신가요?

How many persons are there in the Godhead?

신격에는 성부와 성자와 성령의 세 위격이 계십니다. 이 삼위는 본질이 같고, 능력과 영광이 동등하신 한 하나님이십니다.

There are three Persons in the Godhead: the Father, the Son, and the Holy Ghost; and these three are one God, the same in substance, equal in power and glory.

삼위일체 2

주 예수 그리스도의 은혜와 하나님의 사랑과 성령의 교통하심이

너희 무리와 함께 있을지어다 _고린도후서 13장 13절

제7문답

하나님의 작정이란 무엇인가요?

What are the decrees of God?

하나님의 작정은, 하나님의 뜻을 따라 세우신 그분의 영원한 목적으로, 자신의 영광을 위해 앞으로 일어날 모든 일을 미리 정하신 것입니다.

The decrees of God are his eternal purpose, according to the counsel of his will, whereby, for his own glory, he hath foreordained whatsoever comes to pass.

우리는 그가 만드신 바라 그리스도 예수 안에서 선한 일을 위하여 지으심을 받은 자니 이 일은 하나님이 전에 예비하사 우리로 그 가운데서 행하게 하려 하심이니라 _에베소서 2장 10절

제8문답

하나님은 자신의 작정을 어떻게 실행하시나요?

How doth God execute his decrees?

하나님은 창조와 섭리 사역으로 그 작정을 실행하십니다.

God executeth his decrees in the works of creation and providence.

땅의 모든 사람들을 없는 것같이 여기시며 하늘의 군대에게든지 땅의 사람에게든지 그는 자기 뜻대로 행하시나니 그의 손을 금하든지 혹시 이르기를 네가 무엇을 하느냐고 할 자가 아무도 없도다 _다니엘 4장 35절

제9문답

창조의 일이 무엇인가요?

What is the work of creation?

창조의 일은 하나님께서 엿새 동안 능력의 말씀으로 아무것도 없는 무無에서 만물을 만드신 일이며, 그 모든 것이 매우 좋았습니다.

The work of creation is God's making all things of nothing, by the word of his power, in the space of six days, and all very good.

하나님이 지으신 그 모든 것을 보시니 보시기에 심히 좋았더라

저녁이 되고 아침이 되니 이는 여섯째 날이니라

_창세기 1장 31절

제 10 문답

하나님은 사람을 어떻게 지으셨나요?

How did God create man?

하나님은 남자와 여자로 사람을 지으시되, 모든 피조물을 다스릴 통치권과 함께 지식과 공의와 거룩함에 있어서 자신의 형상을 따라 지으셨습니다.

God created man male and female, after his own image, in knowledge, righteousness, and holiness, with dominion over the creatures.

새 사람을 입었으니 이는 자기를 창조하신 이의 형상을 따라

지식에까지 새롭게 하심을 입은 자니라 _골로새서 3장 10절

제 11 문답

하나님의 섭리 사역이 무엇인가요?

What are God's works of providence?

하나님의 섭리 사역이란, 모든 피조물과 그들의 모든 행동에 대한 하나님의 가장 거룩하고 지혜롭고 강한 보존과 다스림입니다.

God's works of providence are his most holy, wise, and powerful preserving and governing all his creatures, and all their actions.

여호와께서 그의 보좌를 하늘에 세우시고

그의 왕권으로 만유를 다스리시도다 _시편 103편 19절

제 12 문답

하나님은 창조된 사람에게 어떤 특별한 섭리 행위를 행하셨나요?

What special act of providence did God exercise towards man in the estate wherein he was created?

하나님께서 사람을 창조하셨을 때 완전한 순종을 조건으로 그와 생명의 언약을 맺으셨으며, 사망의 형벌로 선악을 알게 하는 나무의 열매를 먹지 못하게 금하셨습니다.

When God had created man, he entered into a covenant of life with him, upon condition of perfect obedience; forbidding him to eat of the tree of knowledge of good and evil, upon the pain of death.

여호와 하나님이 그 사람에게 명하여 이르시되 동산 각종 나무의 열매는 네가 임의로 먹되 선악을 알게 하는 나무의 열매는 먹지 말라 네가 먹는 날에는 반드시 죽으리라 하시니라 _창세기 2장 16-17절

제 13 문답

우리의 첫 조상은 창조된 상태를 유지했나요?

Did our first parents continue in the estate wherein they were created?

자신들의 의지의 자유가 있던 우리의 첫 조상은 하나님께 맞서 죄를 범함으로 창조된 상태로부터 타락했습니다.

Our first parents, being left to the freedom of their own will, fell from the estate wherein they were created, by sinning against God.

타락

내가 깨달은 것은 오직 이것이라

곧 하나님은 사람을 정직하게 지으셨으나

사람이 많은 꾀들을 낸 것이니라 _전도서 7장 29절

제 14 문답

죄가 무엇인가요?

What is sin?

죄란, 하나님의 법을 따르는 데 조금이라도 부족하거나 그 법에 불복하는 것입니다.

Sin is any want of conformity unto, or transgression of the law of God.

죄를 짓는 자마다 불법을 행하나니 죄는 불법이라 _요한1서 3장 4절

제 15 문답

우리의 첫 조상이 창조된 그 상태로부터 타락하게 된 죄는 무엇인가요?

What was the sin whereby our first parents fell from the estate wherein they were created?

우리의 첫 조상이 창조된 그 상태로부터 타락하게 된 죄는 그들이 금지된 열매를 먹은 것입니다.

The sin whereby our first parents fell from the estate wherein they were created was their eating the forbidden fruit.

여자가 그 나무를 본즉 먹음직도 하고 보암직도 하고 지혜롭게 할 만큼 탐스럽기도 한 나무인지라 여자가 그 열매를 따먹고 자기와 함께 있는 남편에게도 주매 그도 먹은지라 _창세기 3장 6절

제 16 문답

모든 인류가 아담의 첫 범죄 안에서 타락했나요?

Did all mankind fall in Adam's first transgression?

아담과 맺은 언약은 그 자신뿐만 아니라 그의 후손까지도 위한 것으로, 통상적으로 태어난 모든 인류는 아담의 첫 범죄와 함께 그 안에서 죄를 범했고 그와 함께 타락했습니다.

The covenant being made with Adam, not only for himself, but for his posterity, all mankind, descending from him by ordinary generation, sinned in him, and fell with him, in his first transgression.

아담 안에서 모든 사람이 죽은 것같이

그리스도 안에서 모든 사람이 삶을 얻으리라 _고린도전서 15장 22절

제 17 문답

그 타락이 인류를 어떤 상태로 이끌었나요?

Into what estate did the Fall bring mankind?

타락은 인류를 죄와 비참의 상태로 이끌었습니다.

The Fall brought mankind into an estate of sin and misery.

타락의 결과

그러므로 한 사람으로 말미암아 죄가 세상에 들어오고 죄로 말미암아 사망이 들어왔나니 이와 같이 모든 사람이 죄를 지었으므로 사망이 모든 사람에게 이르렀느니라 _로마서 5장 12절

제 18 문답

사람이 타락한 상태에서의 죄악은 어떻게 이루어지나요?

Wherein consists the sinfulness of that estate whereinto man fell?

사람이 타락한 상태에서의 죄악은, 보통 원죄라고 불리는 아담이 범한 첫 죄의 죄책, 근본적 의로움의 결여, 사람의 모든 본성의 부패와 그로부터 뒤따르는 모든 자범죄로 이루어집니다.

The sinfulness of that estate whereinto man fell consists in: the guilt of Adam's first sin, the want of original righteousness, and the corruption of his whole nature, which is commonly called original sin; together with all actual transgressions which proceed from it.

전에는 우리도 다 그 가운데서 우리 육체의 욕심을 따라 지내며 육체와 마음의 원하는 것을 하여 다른 이들과 같이 본질상 진노의 자녀이었더니

_에베소서 2장 3절

제 19 문답

사람이 타락한 상태에서의 비참이란 무엇인가요?

What is the misery of that estate whereinto man fell?

온 인류는 그들의 타락에 의해 하나님과의 교제를 상실하고 그의 진노와 저주 아래에 놓이며, 현세의 모든 비참과 죽음, 영원한 지옥의 고통을 당하게 되었습니다.

All mankind, by their fall, lost communion with God, are under his wrath and curse, and so made liable to all miseries of this life, to death itself, and to the pains of hell forever.

타락의 비참함

그러나 아담으로부터 모세까지 아담의 범죄와 같은 죄를 짓지 아니한 자들까지도 사망이 왕 노릇 하였나니 아담은 오실 자의 모형이라 _로마서 5장 14절

제20문답

하나님은 모든 인류가 죄와 비참의 상태에서 죽게 내버려 두셨나요?

Did God leave all mankind to perish in the estate of sin and misery?

하나님은 그분의 순전하신 기쁨으로 영원 전부터 몇몇을 영원한 삶을 위해 선택하셔서 은혜의 언약을 맺으셨습니다. 이것은 구속자로 인류를 죄와 비참의 상태에서 구해 내서 구원의 상태로 이끄시려 함입니다.

God having, out of his mere good pleasure, from all eternity, elected some to everlasting life, did enter into a covenant of grace, to deliver them out of the estate of sin and misery, and to bring them into an estate of salvation by a Redeemer.

곧 창세 전에 그리스도 안에서 우리를 택하사 우리로 사랑 안에서 그 앞에 거룩하고 흠이 없게 하시려고 그 기쁘신 뜻대로 우리를 예정하사 예수 그리스도로 말미암아 자기의 아들들이 되게 하셨으니

_에베소서 1장 4-5절

제21문답

하나님께서 선택하신 자들의 구속자는 누구인가요?

Who is the Redeemer of God's elect?

하나님께서 선택하신 자들의 유일한 구속자는 주 예수 그리스도이십니다. 그는 하나님의 영원한 아들로서 사람이 되셨고 그렇게 구별된 두 본성과 한 위격으로서 영원히 계속해서 하나님이시며 사람이십니다.

The only Redeemer of God's elect is the Lord Jesus Christ, who, being the eternal Son of God, became man, and so was, and continueth to be, God and man in two distinct natures, and one Person, for ever.

말씀이 육신이 되어 우리 가운데 거하시매 우리가 그의 영광을 보니

아버지의 독생자의 영광이요 은혜와 진리가 충만하더라

_요한복음 1장 14절

제22문답

하나님의 아들이신 그리스도께서 어떻게 사람이 되셨나요?

How did Christ, being the Son of God, become man?

하나님의 아들이신 그리스도께서 스스로 진정한 육체와 이성적인 영혼을 취하시고 성령의 능력으로 처녀 마리아의 복중에 잉태되어 나심으로 사람이 되셨으나, 죄가 없이 나셨습니다.

Christ, the Son of God, became man, by taking to himself a true body and a reasonable soul, being conceived by the power of the Holy Ghost, in the womb of the Virgin Mary, and born of her, yet without sin.

성육신

때가 차매 하나님이 그 아들을 보내사

여자에게서 나게 하시고 율법 아래에 나게 하신 것은

_갈라디아서 4장 4절

제23문답

그리스도는 우리의 구속자로서 어떤 직분을 수행하시나요?

What offices doth Christ execute as our Redeemer?

그리스도는 우리의 구속자로서 낮아지심과 높아지심의 두 상태에서 선지자, 제사장, 왕의 직분을 수행하십니다.

Christ, as our Redeemer, executeth the offices of a prophet, of a priest, and of a king, both in his estate of humiliation and exaltation.

이는 한 아기가 우리에게 났고 한 아들을 우리에게 주신 바 되었는데

그의 어깨에는 정사를 메었고 그의 이름은 기묘자라, 모사라,

전능하신 하나님이라, 영존하시는 아버지라, 평강의 왕이라 할 것임이라

_이사야 9장 6절

제24문답

그리스도는 어떻게 선지자의 직분을 수행하시나요?

How doth Christ execute the office of a prophet?

그리스도는 우리를 구원하시려는 하나님의 뜻을 그의 말씀과 성령을 통해 우리에게 계시함으로 선지자의 직분을 수행하십니다.

Christ executeth the office of a prophet, in revealing to us, by his Word and Spirit, the will of God for our salvation.

이제부터는 너희를 종이라 하지 아니하리니 종은 주인이 하는 것을 알지 못함이라 너희를 친구라 하였노니 내가 내 아버지께 들은 것을 다 너희에게 알게 하였음이라 _요한복음 15장 15절

제25문답

그리스도는 어떻게 제사장의 직분을 수행하시나요?

How doth Christ execute the office of a priest?

그리스도는 하나님의 공의를 만족시키며 우리를 하나님과 화목하게 하시려고 단번에 자신을 제물로 드림으로, 그리고 우리를 위해 끊임없이 간구하심으로 제사장의 직분을 수행하십니다.

Christ executeth the office of a priest, in his once offering up of himself a sacrifice to satisfy divine justice, and reconcile us to God; and in making continual intercession for us.

그러므로 자기를 힘입어 하나님께 나아가는 자들을 온전히 구원하실 수 있으니 이는 그가 항상 살아 계셔서 그들을 위하여 간구하심이라 _히브리서 7장 25절

제26문답

그리스도는 어떻게 왕의 직분을 수행하시나요?

How doth Christ execute the office of a king?

그리스도는 우리를 자기 자신에게 복종하게 하시고, 우리를 다스리고 보호하시며, 자신과 우리의 적들을 저지하고 정복하심으로 왕의 직분을 수행하십니다.

Christ executeth the office of a king, in subduing us to himself, in ruling and defending us, and in restraining and conquering all his and our enemies.

그가 모든 원수를 그 발 아래에 둘 때까지 반드시 왕 노릇 하시리니

_고린도전서 15장 25절

제27문답

그리스도의 낮아지심은 어떻게 이루어졌나요?

Wherein did Christ's humiliation consist?

그리스도의 낮아지심은 그의 태어남 곧 비천한 신분으로 오신 것과 율법에 순종하심, 생의 비참을 당하심, 하나님의 진노, 십자가에서 저주의 죽음을 겪으시고 장사되어 얼마 동안 죽음의 권세 아래 계심으로 이루어졌습니다.

Christ's humiliation consisted in his being born, and that in a low condition, made under the law, undergoing the miseries of this life, the wrath of God, and the cursed death of the cross; in being buried, and continuing under the power of death for a time.

그는 근본 하나님의 본체시나 하나님과 동등됨을 취할 것으로 여기지 아니하시고 오히려 자기를 비워 종의 형체를 가지사 사람들과 같이 되셨고 사람의 모양으로 나타나사 자기를 낮추시고 죽기까지 복종하셨으니 곧 십자가에 죽으심이라 _빌립보서 2장 6-8절

제28문답

그리스도의 높아지심은 어떻게 이루어지나요?

Wherein consisteth Christ's exaltation?

그리스도의 높아지심은 사흘 만에 죽은 자 가운데서 다시 살아나심, 하늘로 올라가심, 하나님 아버지의 우편에 앉으심, 마지막 날에 세상을 심판하러 오심으로 이루어집니다.

Christ's exaltation consisteth in his rising again from the dead on the third day, in ascending up into heaven, in sitting at the right hand of God the Father, and in coming to judge the world at the last day.

내가 받은 것을 먼저 너희에게 전하였노니 이는 성경대로 그리스도께서 우리 죄를 위하여 죽으시고 장사 지낸 바 되셨다가 성경대로 사흘 만에 다시 살아나사 _고린도전서 15장 3-4절

제 29 문답

우리는 어떻게 그리스도께서 사신 구속에 참여하는 자가 되나요?

How are we made partakers of the redemption purchased by Christ?

성령께서 우리에게 구속을 효력 있게 적용하심으로 우리는 그리스도께서 사신 구속에 참여하는 자가 됩니다.

We are made partakers of the redemption purchased by Christ, by the effectual application of it to us by his Holy Spirit.

우리를 구원하시되 우리가 행한 바 의로운 행위로 말미암지 아니하고 오직 그의 긍휼하심을 따라 중생의 씻음과 성령의 새롭게 하심으로 하셨나니 _디도서 3장 5절

제30문답

성령은 그리스도께서 사신 구속을 우리에게 어떻게 적용하시나요?

How doth the Spirit apply to us the redemption purchased by Christ?

성령은 효력 있는 부르심으로 우리 안에 믿음을 일으키시고, 그렇게 하여 우리를 그리스도와 연합되게 하셔서 그리스도께서 사신 구속을 우리에게 적용하십니다.

The Spirit applieth to us the redemption purchased by Christ, by working faith in us, and thereby uniting us to Christ in our effectual calling.

너희는 그 은혜에 의하여 믿음으로 말미암아 구원을 받았으니

이것은 너희에게서 난 것이 아니요 하나님의 선물이라 _에베소서 2장 8절

제31문답

효력 있는 부르심이란 무엇인가요?

What is effectual calling?

효력 있는 부르심이란, 하나님의 영이 우리로 우리 죄와 비참함을 깨닫게 하시고, 우리 마음을 밝혀 그리스도를 알게 하시고, 우리 의지를 새롭게 하심으로 우리가 복음 안에 대가없이 제시된 예수 그리스도를 받아들이도록 설득하셔서 그것을 가능하게 하십니다.

Effectual calling is the work of God's Spirit, whereby, convincing us of our sin and misery, enlightening our minds in the knowledge of Christ, and renewing our wills, he doth persuade and enable us to embrace Jesus Christ, freely offered to us in the gospel.

효력 있는 부르심

하나님이 우리를 구원하사 거룩하신 소명으로 부르심은 우리의 행위대로 하심이 아니요 오직 자기의 뜻과 영원 전부터 그리스도 예수 안에서 우리에게 주신 은혜대로 하심이라 _디모데후서 1장 9절

제32문답

효력 있는 부르심을 받은 자들은 현세에서 무슨 유익이 있나요?

What benefits do they that are effectually called partake of in this life?

효력 있는 부르심을 받은 자들은 현세에서 칭의의롭다 하심, 수양자녀 삼으심, 성화거룩하게 하심와 함께, 그것들로부터 동반되거나 비롯되는 현세의 여러 유익에도 참여합니다.

They that are effectually called do in this life partake of justification, adoption, and sanctification, and the several benefits which in this life do either accompany or flow from them.

또 미리 정하신 그들을 또한 부르시고 부르신 그들을 또한 의롭다 하시고 의롭다 하신 그들을 또한 영화롭게 하셨느니라 _로마서 8장 30절

제33문답

칭의의롭다 하심란 무엇인가요?

What is justification?

칭의란 하나님께서 대가 없이 주시는 은혜의 행위로서, 그분이 우리의 모든 죄를 용서하시고 우리를 의롭다고 여겨 받아 주시는 것인데, 이는 오직 그리스도의 의로움을 우리에게 돌리시고 또한 믿음으로만 받으셨기 때문입니다.

Justification is an act of God's free grace, wherein he pardoneth all our sins, and accepteth us as righteous in his sight, only for the righteousness of Christ imputed to us, and received by faith alone.

그런즉 한 범죄로 많은 사람이 정죄에 이른 것같이

한 의로운 행위로 말미암아 많은 사람이 의롭다 하심을 받아

생명에 이르렀느니라 _로마서 5장 18절

제34문답

수양자녀 삼으심이란 무엇인가요?

What is adoption?

수양이란 하나님께서 대가 없이 주신 은혜의 행위로서, 우리를 하나님의 자녀의 수효 중에 들게 하시며, 그 모든 특권을 누리게 하시는 것입니다.

Adoption is an act of God's free grace, whereby we are received into the number, and have a right to all the privileges of the sons of God.

영접하는 자 곧 그 이름을 믿는 자들에게는

하나님의 자녀가 되는 권세를 주셨으니

_요한복음 1장 12절

제35문답

성화거룩하게 하심란 무엇인가요?

What is sanctification?

성화란 하나님께서 대가 없이 주시는 은혜의 일로서, 우리가 하나님의 형상을 좇아 전인격이 새로워지고, 점점 죄에 대하여는 죽고 의에 대하여는 살게 되는 것입니다.

Sanctification is the work of God's free grace, whereby we are renewed in the whole man after the image of God, and are enabled more and more to die unto sin, and live unto righteousness.

오직 너희의 심령이 새롭게 되어 하나님을 따라 의와 진리의 거룩함으로

지으심을 받은 새 사람을 입으라 _에베소서 4장 23-24절

제36문답

현세에서 칭의와 수양과 성화로부터 동반되거나 비롯되는 유익은 무엇인가요?

What are the benefits which in this life do accompany or flow from justification, adoption, and sanctification?

현세에서 칭의와 수양과 성화로부터 동반되거나 비롯되는 유익은, 하나님의 사랑에 대한 확신, 양심의 평안, 성령 안에서의 기쁨, 은혜의 더함, 그리고 그 안에서 끝까지 견디는 인내입니다.

The benefits which in this life do accompany or flow from justification, adoption, and sanctification, are, assurance of God's love, peace of conscience, joy in the Holy Ghost, increase of grace, and perseverance therein to the end.

하나님의 나라는 먹는 것과 마시는 것이 아니요

오직 성령 안에 있는 의와 평강과 희락이라 _로마서 14장 17절

제37문답

신자는 죽을 때 그리스도께 어떤 유익을 받나요?

What benefits do believers receive from Christ at death?

신자의 영혼은 죽을 때 완전히 거룩하게 되어 즉시 영광 중에 들어가고, 그 몸은 여전히 그리스도께 연합하여 부활할 때까지 무덤에서 쉼을 누립니다.

The souls of believers are at their death made perfect in holiness, and do immediately pass into glory; and their bodies, being still united to Christ, do rest in their graves till the resurrection.

그뿐 아니라 또한 우리 곧 성령의 처음 익은 열매를 받은 우리까지도

속으로 탄식하여 양자 될 것 곧 우리 몸의 속량을 기다리느니라

_로마서 8장 23절

제38문답

신자는 부활할 때 그리스도께 어떤 유익을 받나요?

What benefits do believers receive from Christ at the resurrection?

부활할 때 영광 중에 일으켜지는 신자는 심판 날에 공개적으로 인정받고 무죄를 선고받으며, 영원히 하나님을 즐거워하는 완전한 복을 받게 됩니다.

At the resurrection, believers being raised up in glory, shall be openly acknowledged and acquitted in the day of judgment, and made perfectly blessed in the full enjoying of God, to all eternity.

주께서 생명의 길을 내게 보이시리니 주의 앞에는 충만한 기쁨이 있고

주의 오른쪽에는 영원한 즐거움이 있나이다 _시편 16편 11절

제 39 문답

하나님께서 사람에게 요구하시는 의무는 무엇인가요?

What is the duty which God requireth of man?

하나님께서 사람에게 요구하시는 의무는 그가 나타내신 뜻에 순종하는 것입니다.

The duty which God requireth of man, is obedience to his revealed will.

사람아 주께서 선한 것이 무엇임을 네게 보이셨나니 여호와께서 네게 구하시는 것은 오직 정의를 행하며 인자를 사랑하며 겸손하게 네 하나님과 함께 행하는 것이 아니냐 _미가 6장 8절

제40문답

하나님께서 자신의 순종에 대한 규칙으로 사람에게 처음 나타내신 것은 무엇인가요?

What did God at first reveal to man for the rule of his obedience?

하나님께서 자신의 순종에 대한 규칙으로 사람에게 처음 나타내신 것은 도덕법입니다.

The rule which God at first revealed to man for his obedience, was the moral law.

여호와여 주의 율례들의 도를 내게 가르치소서 내가 끝까지 지키리이다 나로 하여금 깨닫게 하여 주소서 내가 주의 법을 준행하며 전심으로 지키리이다 _시편 119편 33-34절

제41 문답

간략하게 이해할 수 있는 도덕법은 어디에 요약되어 있나요?

Wherein is the moral law summarily comprehended?

도덕법은 십계명 안에서 간략하게 설명되어 있습니다.

The moral law is summarily comprehended in the ten commandments.

여호와께서 그 총회 날에 산 위 불 가운데에서 너희에게 이르신 십계명을 처음과 같이 그 판에 쓰시고 그것을 내게 주시기로 _신명기 10장 4절

제 42 문답

십계명의 요점은 무엇인가요?

What is the sum of the ten commandments?

십계명의 요점은 마음을 다하고 성품을 다하고 힘을 다하고 뜻을 다하여 주 우리 하나님을 사랑하는 것과, 또 이웃을 우리 자신의 몸과 같이 사랑하는 것입니다.

The sum of the ten commandments is, To love the Lord our God with all our heart, with all our soul, with all our strength, and with all our mind; and our neighbour as ourselves.

예수께서 이르시되 네 마음을 다하고 목숨을 다하고 뜻을 다하여 주 너의 하나님을 사랑하라 하셨으니 이것이 크고 첫째 되는 계명이요 둘째도 그와 같으니 네 이웃을 네 자신같이 사랑하라 하셨으니 이 두 계명이 온 율법과 선지자의 강령이니라 _마태복음 22장 37-40절

제43·44문답

십계명의 서문은 무엇인가요?

What is the preface to the ten commandments?

십계명의 서문은 "나는 너를 애굽 땅, 종 되었던 집에서 인도하여 낸 네 하나님 여호와니라" 하신 말씀입니다.

The preface to the ten commandments is in these words, *I am the Lord thy God, which have brought thee out of the land of Egypt, out of the house of bondage.*

그런즉 네 하나님 여호와를 사랑하여 그가 주신 책무와 법도와 규례와 명령을 항상 지키라 _신명기 11장 1절

십계명의 서문이 우리에게 교훈하는 것은 무엇인가요?

What doth the preface to the ten commandments teach us?

십계명의 서문이 우리에게 교훈하는 것은, 하나님이 주님이시며 우리 하나님이시고 또 구속자이시므로 우리가 마땅히 그의 모든 계명을 지켜야 한다는 것입니다.

The preface to the ten commandments teacheth us, That because God is the Lord, and our God, and Redeemer, therefore we are bound to keep all his commandments.

제45문답

제일 계명은 무엇인가요?

Which is the first commandment?

"너는 나 외에는 다른 신들을 네게 두지 말라" 이것이 제일 계명입니다.

The first commandment is, *Thou shalt have no other gods before me.*

이에 예수께서 말씀하시되 사탄아 물러가라 기록되었으되 주 너의 하나님께 경배하고 다만 그를 섬기라 하였느니라 _마태복음 4장 10절

제일 계명

제46•47 문답

제일 계명이 요구하는 것은 무엇인가요?

What is required in the first commandment?

제일 계명은, 하나님이 유일하고 참되신 하나님이자 우리의 하나님이심을 알고 인정하는 것과 그에 맞춰 경배와 영광을 그분께 돌리는 것을 우리에게 요구합니다.

The first commandment requireth us to know and acknowledge God to be the only true God, and our God, and to worship and glorify him accordingly.

제일 계명이 금지하는 것은 무엇인가요?

What is forbidden in the first commandment?

제일 계명은, 참 하나님을 하나님으로 또한 우리의 하나님으로 받아들이지 않거나 그분을 경배하지 않고 영화롭게 하지 않는 것, 그분께만 드려야 할 경배와 영광을 다른 이에게 주는 것을 금지합니다.

The first commandment forbiddeth the denying, or not worshipping and glorifying the true God as God, and our God; and the giving of that worship and glory to any other, which is due to him alone.

ONE WAY

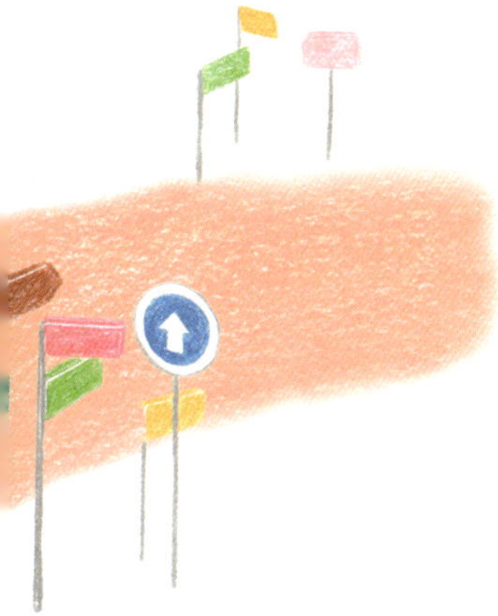

어리석은 자는 그의 마음에 이르기를 하나님이 없다 하는도다 그들은 부패하고 그 행실이 가증하니 선을 행하는 자가 없도다 _시편 14편 1절

제48문답

제일 계명에서 "나 외에는"이란 말씀이 우리에게 특별히 교훈하는 것은 무엇인가요?

What are specially taught by these words *before me* in the first commandment?

제일 계명에서 "나 외에는"이란 말씀이 우리에게 특별히 교훈하는 것은, 만물을 보시는 하나님께서 다른 신을 섬기는 죄에 주목하고 매우 불쾌해하신다는 것입니다.

These words *before me* in the first commandment teach us, That God, who seeth all things, taketh notice of, and is much displeased with, the sin of having any other god.

내 아들 솔로몬아 너는 네 아버지의 하나님을 알고 온전한 마음과 기쁜 뜻으로 섬길지어다 여호와께서는 모든 마음을 감찰하사 모든 의도를 아시나니 네가 만일 그를 찾으면 만날 것이요 만일 네가 그를 버리면 그가 너를 영원히 버리시리라 _역대상 28장 9절

제49문답

제이 계명은 무엇인가요?

Which is the second commandment?

"너를 위하여 새긴 우상을 만들지 말고 또 위로 하늘에 있는 것이나 아래로 땅에 있는 것이나 땅 아래 물속에 있는 것의 어떤 형상도 만들지 말며 그것들에게 절하지 말며 그것들을 섬기지 말라 나 네 하나님 여호와는 질투하는 하나님인즉 나를 미워하는 자의 죄를 갚되 아버지로부터 아들에게로 삼사 대까지 이르게 하거니와 나를 사랑하고 내 계명을 지키는 자에게는 천 대까지 은혜를 베푸느니라" 이것이 제이 계명입니다.

The second commandment is, *Thou shalt not make unto thee any graven image, or any likeness of any thing that is in heaven above, or that is in the earth beneath, or that is in the water under the earth: thou shalt not bow down thyself to them, nor serve them: for I the Lord thy God am a jealous God, visiting the iniquity of the fathers upon the children unto the third and fourth generation of them that hate me; and shewing mercy unto thousands of them that love me, and keep my commandments.*

너희는 스스로 삼가 너희의 하나님 여호와께서 너희와 세우신 언약을 잊지 말고 네 하나님 여호와께서 금하신 어떤 형상의 우상도 조각하지 말라 _신명기 4장 23절

제50•51 문답

제이 계명이 요구하는 것은 무엇인가요?

What is required in the second commandment?

제이 계명은, 하나님께서 그 말씀으로 정하신 모든 종교적 예배와 규례를 받아들이고 준수하며, 그것을 깨끗하고 온전하게 지키라고 요구합니다.

The second commandment requireth the receiving, observing, and keeping pure and entire, all such religious worship and ordinances as God hath appointed in his word.

내가 너희에게 명령하는 이 모든 말을 너희는 지켜 행하고 그것에 가감하지 말지니라 _신명기 12장 32절

제이 계명이 금지하는 것은 무엇인가요?

What is forbidden in the second commandment?

제이 계명은, 형상으로 하나님을 예배하거나 그분의 말씀으로 정하지 않은 어떤 다른 방법으로 예배하는 것을 금지합니다.

The second commandment forbiddeth the worshipping of God by images, or any other way not appointed in his word.

제52문답

제이 계명을 지켜야 할 이유는 무엇인가요?

What are the reasons annexed to the second commandment?

제이 계명을 지켜야 할 이유는, 하나님만이 우리의 주권자이시며, 우리의 소유주이시고, 그분만이 홀로 예배받기를 원하시기 때문입니다.

The reasons annexed to the second commandment are, God's sovereignty over us, his propriety in us, and the zeal he hath to his own worship.

여호와가 우리 하나님이신 줄 너희는 알지어다

그는 우리를 지으신 이요 우리는 그의 것이니 그의 백성이요

그의 기르시는 양이로다 _시편 100편 3절

제53문답

제삼 계명은 무엇인가요?

Which is the third commandment?

"너는 너의 하나님 여호와의 이름을 망령되이 일컫지 말라 나 여호와는 나의 이름을 망령되이 일컫는 자를 죄 없다 하지 아니하리라" 이것이 제삼 계명입니다.

The third commandment is, *Thou shalt not take the name of the Lord thy God in vain: for the Lord will not hold him guiltless that taketh his name in vain.*

제삼 계명

그러므로 너희는 이렇게 기도하라 하늘에 계신 우리 아버지여 이름이

거룩히 여김을 받으시오며 _마태복음 6장 9절

제54•55문답

제삼 계명이 요구하는 것은 무엇인가요?

What is required in the third commandment?

제삼 계명은, 하나님의 이름과 칭호와 속성과 규례와 말씀과 행사를 거룩함과 경외로써 사용하라고 요구합니다.

The third commandment requireth the holy and reverent use of God's names, titles, attributes, ordinances, word, and works.

제삼 계명이 금지하는 것은 무엇인가요?

What is forbidden in the third commandment?

제삼 계명은, 하나님께서 자신을 알게 하시는 모든 것에 대해 모독하거나 악용하는 것을 금지합니다.

The third commandment forbiddeth all profaning or abusing of anything whereby God maketh himself known.

여호와께 그의 이름에 합당한 영광을 돌리며 거룩한 옷을 입고 여호와께 예배할지어다 _시편 29편 2절

제56문답

제삼 계명을 지켜야 할 이유는 무엇인가요?

What is the reason annexed to the third commandment?

제삼 계명을 지켜야 할 이유는, 이 계명을 범하는 자가 비록 사람에게는 형벌을 피할 수 있을지라도 주 우리 하나님은 그들이 그분의 공의로운 심판을 피하게 놔두지 않기 때문입니다.

The reason annexed to the third commandment is, That however the breakers of this commandment may escape punishment from men, yet the Lord our God will not suffer them to escape his righteous judgment.

만군의 여호와가 이르노라 너희가 만일 듣지 아니하며 마음에 두지 아니하여 내 이름을 영화롭게 하지 아니하면 내가 너희에게 저주를 내려 너희의 복을 저주하리라 내가 이미 저주하였나니 이는 너희가 그것을 마음에 두지 아니하였음이라 _말라기 2장 2절

제57문답

제사 계명은 무엇인가요?

Which is the fourth commandment?

"안식일을 기억하여 거룩하게 지키라 엿새 동안은 힘써 네 모든 일을 행할 것이나 일곱째 날은 네 하나님 여호와의 안식일인즉 너나 네 아들이나 네 딸이나 네 남종이나 네 여종이나 네 가축이나 네 문안에 머무는 객이라도 아무 일도 하지 말라 이는 엿새 동안에 나 여호와가 하늘과 땅과 바다와 그 가운데 모든 것을 만들고 일곱째 날에 쉬었음이라 그러므로 나 여호와가 안식일을 복되게 하여 그날을 거룩하게 하였느니라" 이것이 제사 계명입니다.

The fourth commandment is, *Remember the sabbath-day, to keep it holy. Six days shalt thou labour, and do all thy work: but the seventh is the sabbath of the Lord thy God: in it thou shalt not do any work, thou, nor thy son, nor thy daughter, they man-servant, nor thy maid-servant, nor thy cattle, nor thy stranger that is within thy gates: for in six days the Lord made heaven and earth, the sea, and all that in them is, and rested the seventh day: wherefore the Lord blessed the sabbath-day and hallowed it.*

수고하고 무거운 짐 진 자들아 다 내게로 오라 내가 너희를 쉬게 하리라

_마태복음 11장 28절

제 58 • 59 문답

제사 계명이 요구하는 것은 무엇인가요?

What is required in the fourth commandment?

제사 계명은, 하나님께서 말씀으로 지정하신 일정한 때를 그 분 앞에서 거룩히 지키기를, 특별히 이레 중 하루를 종일토록 하나님께 거룩한 안식일로 지키기를 요구합니다.

The fourth commandment requireth the keeping holy to God such set times as he hath appointed in his word; expressly one whole day in seven, to be a holy sabbath to himself.

하나님께서 매주의 안식일로 정하신 날은 이레 중 어느 날인가요?

Which day of the seven hath God appointed to be the weekly sabbath?

세상의 시초부터 그리스도의 부활까지는 하나님께서 매주의 일곱째 날을 안식일로 정하셨고, 그 후로부터 세상 마지막 날까지는 매주의 첫날을 정하셨으니, 이날이 바로 그리스도인의 안식일입니다.

From the beginning of the world to the resurrection of Christ, God appointed the seventh day of the week to be the weekly Sabbath; and the first day of the week ever since, to continue to the end of the world, which is the Christian Sabbath.

하나님이 그 일곱째 날을 복되게 하사 거룩하게 하셨으니 이는 하나님이

그 창조하시며 만드시던 모든 일을 마치시고 그날에 안식하셨음이니라

_창세기 2장 3절

제60·61문답

어떻게 안식일을 거룩하게 지킬까요?

How is the sabbath to be sanctified?

안식일은 다른 날에는 합법적인 여러 세상일과 오락까지도 그쳐 온종일 쉬고, 부득이한 일과 자비의 일 외에는 공적이거나 사적이거나 하나님을 예배하는 데 모든 시간을 사용함으로 거룩하게 지킵니다.

The sabbath is to be sanctified by a holy resting all that day, even from such worldly employments and recreations as are lawful on other days; and spending the whole time in the public and private exercises of God's worship, except so much as is to be taken up in the works of necessity and mercy.

제사 계명이 금지하는 것은 무엇인가요?

What is forbidden in the fourth commandment?

제사 계명은, 요구된 의무를 이행하지 않거나 부주의하게 이행하는 것을 금지하며, 게으름으로나 그 자체로 죄가 되는 일을 행함으로 또는 세상일과 오락에 관해 불필요한 생각과 말과 행동을 함으로써 그날을 모독하는 것을 금지합니다.

The fourth commandment forbiddeth the omission or careless performance of the duties required, and the profaning the day by idleness, or doing that which is in itself sinful, or by unnecessary thoughts, words, or works, about our worldly employments or recreations.

예수께서 그 자라나신 곳 나사렛에 이르사 안식일에 늘 하시던 대로
회당에 들어가사 성경을 읽으려고 서시매 _누가복음 4장 16절

제62문답

제사 계명을 지켜야 할 이유는 무엇인가요?

What are the reasons annexed to the fourth commandment?

제사 계명을 지켜야 할 이유는, 하나님께서 우리 자신의 생업을 위해 매주 엿새를 허락하시고, 일곱째 날의 특별한 타당성을 촉구하시며, 몸소 모범을 보이시고, 안식일에 복을 주셨기 때문입니다.

The reasons annexed to the fourth commandment are, God's allowing us six days of the week for our own employments, his challenging a special propriety in the seventh, his own example, and his blessing the Sabbath-day.

또 이르시되 안식일이 사람을 위하여 있는 것이요

사람이 안식일을 위하여 있는 것이 아니니 _마가복음 2장 27절

제63문답

제오 계명은 무엇인가요?

Which is the fifth commandment?

“네 부모를 공경하라 그리하면 네 하나님 여호와가 네게 준 땅에서 네 생명이 길리라” 이것이 제오 계명입니다.

The fifth commandment is, *Honour thy father and thy mother; that thy days may be long upon the land which the Lord thy God giveth thee.*

자녀들아 주 안에서 너희 부모에게 순종하라 이것이 옳으니라

네 아버지와 어머니를 공경하라 이것은 약속이 있는 첫 계명이니

이로써 네가 잘되고 땅에서 장수하리라 _에베소서 6장 1-3절

제64·65 문답

제오 계명이 요구하는 것은 무엇인가요?

What is required in the fifth commandment?

제오 계명은, 윗사람이든 아랫사람이든 혹 동등한 관계의 사람이든지 각각의 지위와 관계에 따라 그들 모두에게 속한 명예를 보호하고 의무를 수행하라고 요구합니다.

The fifth commandment requireth the preserving the honour, and performing the duties, belonging to every one in their several places and relations, as superiors, inferiors, or equals.

피차 사랑의 빚 외에는 아무에게든지 아무 빚도 지지 말라
남을 사랑하는 자는 율법을 다 이루었느니라 _로마서 13장 8절

제오 계명이 금지하는 것은 무엇인가요?

What is forbidden in the fifth commandment?

제오 계명은, 각각의 지위와 관계에 따라 그들 모두에게 속한 명예와 의무를 무시하거나 무엇이든지 그에 반하는 행동을 금지합니다.

The fifth commandment forbiddeth the neglecting of, or doing anything against, the honour and duty which belongeth to every one in their several places and relations.

제66문답

제오 계명을 지켜야 할 이유는 무엇인가요?

What is the reason annexed to the fifth commandment?

제오 계명을 지켜야 할 이유는, 이 계명을 지키는 모든 사람에게 (하나님의 영광과 그들 자신의 유익에 기여하는 한) 장수와 번영의 복을 약속하셨기 때문입니다.

The reason annexed to the fifth commandment, is a promise of long life and prosperity (as far as it shall serve for God's glory and their own good) to all such as keep this commandment.

너는 네 하나님 여호와께서 명령한 대로 네 부모를 공경하라

그리하면 네 하나님 여호와가 네게 준 땅에서

네 생명이 길고 복을 누리리라 _신명기 5장 16절

제67문답

제육 계명은 무엇인가요?

Which is the sixth commandment?

"살인하지 말라" 이것이 제육 계명입니다.

The sixth commandment is, *Thou shalt not kill.*

다른 사람의 피를 흘리면 그 사람의 피도 흘릴 것이니

이는 하나님이 자기 형상대로 사람을 지으셨음이니라 _창세기 9장 6절

제68·69 문답

제육 계명이 요구하는 것은 무엇인가요?

What is required in the sixth commandment?

제육 계명은, 모든 합법적인 노력으로 우리 자신의 생명과 다른 사람의 생명을 보호하라고 요구합니다.

The sixth commandment requireth all lawful endeavours to preserve our own life, and the life of others.

제육 계명이 금지하는 것은 무엇인가요?

What is forbidden in the sixth commandment?

제육 계명은, 우리 자신의 생명이나 이웃의 생명을 불의하게 빼앗는 것과 그렇게 하려는 모든 의도를 금지합니다.

The sixth commandment forbiddeth the taking away of our own life, or the life of our neighbour unjustly, or whatsoever tendeth thereunto.

그 형제를 미워하는 자마다 살인하는 자니

살인하는 자마다 영생이 그 속에 거하지 아니하는 것을

너희가 아는 바라 _요한1서 3장 15절

제 70 문답

제칠 계명은 무엇인가요?

Which is the seventh commandment?

"간음하지 말라" 이것이 제칠 계명입니다.

The seventh commandment is, *Thou shalt not commit adultery.*

모든 사람은 결혼을 귀히 여기고 침소를 더럽히지 않게 하라

음행하는 자들과 간음하는 자들을 하나님이 심판하시리라

_히브리서 13장 4절

제71·72문답

제칠 계명이 요구하는 것은 무엇인가요?

What is required in the seventh commandment?

제칠 계명은, 마음과 말과 행동에서 우리 자신과 이웃의 순결을 보존하라고 요구합니다.

The seventh commandment requireth the preservation of our own, and our neighbour's chastity, in heart, speech, and behaviour.

너희 말을 항상 은혜 가운데서 소금으로 맛을 냄과 같이 하라 그리하면 각 사람에게 마땅히 대답할 것을 알리라 _골로새서 4장 6절

제칠 계명이 금지하는 것은 무엇인가요?

What is forbidden in the seventh commandment?

제칠 계명은, 모든 부정한 생각과 말과 행동을 금지합니다.

The seventh commandment forbiddeth all unchaste thoughts, words, and actions.

제73문답

제팔 계명은 무엇인가?

Which is the eighth commandment?

"도둑질하지 말라" 이것이 제팔 계명입니다.

The eighth commandment is, *Thou shalt not steal.*

도적이나 탐욕을 부리는 자나 술 취하는 자나 모욕하는 자나 속여 빼앗는 자들은 하나님의 나라를 유업으로 받지 못하리라 _고린도전서 6장 10절

제74·75문답

제팔 계명이 요구하는 것은 무엇인가요?

What is required in the eighth commandment?

제팔 계명은, 우리 자신과 다른 사람의 부와 재산을 합법적으로 모으고 늘리라고 요구합니다.

The eighth commandment requireth the lawful procuring and furthering the wealth and outward estate of ourselves and others.

각각 자기 일을 돌볼뿐더러 또한 각각 다른 사람들의 일을 돌보아 나의 기쁨을 충만하게 하라 _빌립보서 2장 4절

제팔 계명이 금지하는 것은 무엇인가요?

What is forbidden in the eighth commandment?

제팔 계명은, 우리 자신과 이웃의 부와 재산을 불의하게 방해하거나 그러려고 하는 모든 일을 금지합니다.

The eighth commandment forbiddeth whatsoever doth or may unjustly hinder our own or our neighbour's wealth or outward estate.

제76문답

제구 계명은 무엇인가요?

Which is the ninth commandment?

"네 이웃에 대하여 거짓 증거하지 말라" 이것이 제구 계명입니다.

The ninth commandment is, *Thou shalt not bear false witness against thy neighbour.*

제구 계명

진실한 증인은 사람의 생명을 구원하여도

거짓말을 뱉는 사람은 속이느니라 _잠언 14장 25절

제77·78문답

제구 계명이 요구하는 것은 무엇인가요?

What is required in the ninth commandment?

제구 계명은, 특히 증인으로 나서는 일에서 서로 간에 진실하고 우리 자신과 이웃의 명예를 유지하고 증진하라고 요구합니다.

The ninth commandment requireth the maintaining and promoting of truth between man and man, and of our own and our neighbour's good name, especially in witness bearing.

너희가 행할 일은 이러하니라 너희는 이웃과 더불어 진리를 말하며 너희 성문에서 진실하고 화평한 재판을 베풀고 _스가랴 8장 16절

제구 계명이 금지하는 것은 무엇인가요?

What is forbidden in the ninth commandment?

제구 계명은, 진실에 해가 되거나 우리 자신과 이웃의 명예를 손상하는 모든 것을 금지합니다.

The ninth commandment forbiddeth whatsoever is prejudicial to truth, or injurious to our own, or our neighbour's good name.

제 79 문답

제십 계명은 무엇인가요?

Which is the tenth commandment?

"네 이웃의 집을 탐내지 말라 네 이웃의 아내나 그의 남종이나 그의 여종이나 그의 소나 그의 나귀나 무릇 네 이웃의 소유를 탐내지 말라" 이것이 제십 계명입니다.

The tenth commandment is, *Thou shalt not covet thy neighbour's house, thou shalt not covet thy neighbour's wife, nor his manservant, nor his maidservant, nor his ox, nor his ass, nor any thing that is thy neighbour's.*

돈을 사랑하지 말고 있는 바를 족한 줄로 알라

그가 친히 말씀하시기를 내가 결코 너희를 버리지 아니하고

너희를 떠나지 아니하리라 하셨느니라 _히브리서 13장 5절

제80·81 문답

제십 계명이 요구하는 것은 무엇인가요?

What is required in the tenth commandment?

제십 계명은, 우리 자신의 처지에 온전히 만족하고, 이웃과 그의 모든 소유에 의롭고 자비로운 마음을 품으라고 요구합니다.

The tenth commandment requireth full contentment with our own condition, with a right and charitable frame of spirit toward our neighbour, and all that is his.

제십 계명이 금지하는 것은 무엇인가요?

What is forbidden in the tenth commandment?

제십 계명은, 우리 자신의 처지에 대한 모든 불만, 이웃의 소유에 대한 시기나 한탄, 이웃에게 속한 어떤 것에든 과도하게 행동하고 애정을 갖는 것을 금지합니다.

The tenth commandment forbiddeth all discontentment with our own estate, envying or grieving at the good of our neighbour, and all inordinate motions and affections to anything that is his.

BUS
STOP

만일 우리가 성령으로 살면 또한 성령으로 행할지니 헛된 영광을 구하여 서로 노엽게 하거나 서로 투기하지 말지니라 _갈라디아서 5장 25-26절

제82문답

하나님의 계명을 완벽하게 지킬 수 있는 사람이 있나요?

Is any man able perfectly to keep the commandments of God?

타락한 이후로 현세에서 하나님의 계명을 완벽하게 지킬 수 있는 사람은 한 사람도 없으며, 생각과 말과 행동으로 날마다 그것을 어길 뿐입니다.

No mere man, since the fall, is able, in this life, perfectly to keep the commandments of God; but doth daily break them, in thought, word, and deed.

만일 우리가 죄가 없다고 말하면 스스로 속이고

또 진리가 우리 속에 있지 아니할 것이요 _요한1서 1장 8절

제83·84문답

그 법을 어기는 것은 모두 똑같이 가증한가요?

Are all transgressions of the law equally heinous?

어떤 죄는 그 자체로, 또한 여러 악화 요인 때문에 다른 것들보다 하나님 보시기에 더 가증합니다.

Some sins in themselves, and by reason of several aggravations, are more heinous in the sight of God than others.

살아 있는 사람은 자기 죄들 때문에 벌을 받나니 어찌 원망하랴

_예레미야애가 3장 39절

모든 죄는 어떠한 대가를 받아야 마땅한가요?

What doth every sin deserve?

모든 죄는 현세와 장차 올 세상 모두에서 하나님의 진노와 저주를 받아 마땅합니다.

Every sin deserveth God's wrath and curse, both in this life, and that which is to come.

제85문답

우리가 죄로 인한 하나님의 진노와 저주를 피하도록 하나님께서 우리에게 요구하시는 것은 무엇인가요?

What doth God require of us, that we may escape his wrath and curse due to us for sin?

우리가 죄로 인한 하나님의 진노와 저주를 피하게 하시려고 하나님께서 우리에게 요구하시는 것은, 예수 그리스도를 믿는 것과 생명에 이르는 회개, 그리고 그리스도께서 우리에게 구속의 유익을 전하시는 모든 외적인 수단을 부지런히 사용하는 것입니다.

To escape the wrath and curse of God due to us for sin, God requireth of us faith in Jesus Christ, repentance unto life, with the diligent use of all the outward means whereby Christ communicateth to us the benefits of redemption.

대저 나를 얻는 자는 생명을 얻고 여호와께 은총을 얻을 것임이니라

그러나 나를 잃는 자는 자기의 영혼을 해하는 자라

나를 미워하는 자는 사망을 사랑하느니라 _잠언 8장 35-36절

제86문답

예수 그리스도를 믿는다는 것은 무엇인가요?

What is faith in Jesus Christ?

예수 그리스도를 믿는다는 것은 구원의 은혜인데, 그로 인해 우리가 복음에 제시된 대로 구원받기 위해 예수님만을 받아들이고 의지하는 것입니다.

Faith in Jesus Christ is a saving grace, whereby we receive and rest upon him alone for salvation, as he is offered to us in the gospel.

사람이 의롭게 되는 것은 율법의 행위로 말미암음이 아니요 오직 예수 그리스도를 믿음으로 말미암는 줄 알므로 우리도 그리스도 예수를 믿나니 이는 우리가 율법의 행위로써가 아니고 그리스도를 믿음으로써 의롭다 함을 얻으려 함이라 율법의 행위로써는 의롭다 함을 얻을 육체가 없느니라 _갈라디아서 2장 16절

제87문답

생명에 이르는 회개는 무엇인가요?

What is repentance unto life?

생명에 이르는 회개는 구원의 은혜인데, 그로 인해 죄인이 자기 죄를 바르게 깨닫고 그리스도 안에서 하나님의 자비를 이해함으로써 자기 죄를 슬퍼하고 미워하며, 그 죄에서 떠나 하나님께 돌아가서 굳은 결심과 노력으로써 새롭게 순종하는 것입니다.

Repentance unto life is a saving grace, whereby a sinner, out of a true sense of his sin, and apprehension of the mercy of God in Christ, doth, with grief and hatred of his sin, turn from it unto God, with full purpose of, and endeavour after, new obedience.

그들이 이 말을 듣고 잠잠하여 하나님께 영광을 돌려 이르되

그러면 하나님께서 이방인에게도 생명 얻는 회개를 주셨도다 하니라

_사도행전 11장 18절

제88문답

그리스도께서 우리에게 구속의 유익을 전하시는 외적이고 일반적인 수단은 무엇인가요?

What are the outward means whereby Christ communicateth to us the benefits of redemption?

그리스도께서 우리에게 구원의 유익을 전하시는 외적이고 일반적인 수단은, 그분의 규례로서 특히 말씀과 성례와 기도이며, 이 모든 것이 구원을 위하여 택함을 받은 자들에게 효력이 있습니다.

The outward and ordinary means whereby Christ communicateth to us the benefits of redemption are, his ordinances, especially the word, sacraments, and prayer; all of which are made effectual to the elect for salvation.

그러므로 너희는 가서 모든 민족을 제자로 삼아 아버지와 아들과 성령의 이름으로 세례를 베풀고 내가 너희에게 분부한 모든 것을 가르쳐 지키게 하라 볼지어다 내가 세상 끝 날까지 너희와 항상 함께 있으리라 하시니라 _마태복음 28장 19-20절

제89문답

말씀이 어떻게 효력을 발휘하여 구원에 이르게 하나요?

How is the word made effectual to salvation?

하나님의 영은 말씀을 읽는 것, 특히 설교를 효과적인 수단으로 삼아 죄인들을 깨우쳐 회개하게 하시며, 거룩함과 위로를 더하사 믿음을 통해 구원에 이르도록 하십니다.

The Spirit of God maketh the reading, but especially the preaching of the word an effectual means of convincing and converting sinners, and of building them up in holiness and comfort through faith unto salvation.

여호와의 율법은 완전하여 영혼을 소성시키며 여호와의 증거는 확실하여 우둔한 자를 지혜롭게 하며 여호와의 교훈은 정직하여 마음을 기쁘게 하고 여호와의 계명은 순결하여 눈을 밝게 하시도다 _시편 19편 7-8절

제90문답

말씀을 어떻게 읽고 들어야 구원에 효과적으로 이르게 되나요?

How is the word to be read and heard, that it may become effectual to salvation?

말씀이 구원에 효과적으로 이르게 하려면 우리는 부지런함과 준비와 기도로 참여해야 하며, 믿음과 사랑으로 그 말씀을 받아들이고 마음에 간직하며 삶에서 그것을 실천해야 합니다.

That the word may become effectual to salvation, we must attend thereunto with diligence, preparation, and prayer, receive it with faith and love, lay it up in our hearts, and practice it in our lives.

그러면 무엇을 말하느냐

말씀이 네게 가까워 네 입에 있으며 네 마음에 있다 하였으니

곧 우리가 전파하는 믿음의 말씀이라

_로마서 10장 8절

제91문답

성례가 어떻게 구원의 효과적인 수단이 되나요?

How do the sacraments become effectual means of salvation?

성례가 구원의 효과적인 수단이 되는 것은 성례 그 자체에나 성례를 행하는 자에게 어떤 덕이 있어서가 아니라, 오직 그리스도의 축복과 또 믿음으로 성례를 받는 자들 속에 성령께서 역사하시기 때문입니다.

The sacraments become effectual means of salvation, not from any virtue in them, or in him that doth administer them; but only by the blessing of Christ, and the working of his Spirit in them that by faith receive them.

나는 심었고 아볼로는 물을 주었으되 오직 하나님께서 자라나게 하셨나니 그런즉 심는 이나 물 주는 이는 아무것도 아니로되 오직 자라게 하시는 이는 하나님뿐이니라 _고린도전서 3장 6-7절

제92•93문답

성례란 무엇인가요?

What is a sacrament?

성례란 그리스도께서 세우신 거룩한 예식인데, 이 예식 가운데 그리스도와 새 언약의 유익이 지각할 수 있는 표식을 통해 믿는 자에게 다시 나타나고 확인되며 적용되는 것입니다.

A sacrament is an holy ordinance instituted by Christ; wherein, by sensible signs, Christ, and the benefits of the new covenant, are represented, sealed, and applied to believers.

너희가 이 떡을 먹으며 이 잔을 마실 때마다 주의 죽으심을 그가 오실 때까지 전하는 것이니라 _고린도전서 11장 26절

신약의 성례는 무엇인가요?

Which are the sacraments of the New Testament?

신약의 성례는 세례와 성찬입니다.

The sacraments of the New Testament are baptism, and the Lord's Supper.

제94문답

세례란 무엇인가요?

What is baptism?

세례란, 물을 가지고 성부와 성자와 성령의 이름으로 씻음으로써 우리가 그리스도께 접붙여진 것과 은혜 언약의 모든 유익에 참여하는 것, 주님의 것이 되겠다는 우리의 약속을 상징하고 확정하는 성례입니다.

Baptism is a sacrament, wherein the washing with water, in the name of the Father, and of the Son, and of the Holy Ghost, doth signify and seal our ingrafting into Christ, and partaking of the benefits of the covenant of grace, and our engagement to be the Lord's.

누구든지 그리스도와 합하기 위하여 세례를 받은 자는 그리스도로 옷 입었느니라 _갈라디아서 3장 27절

제95문답

세례는 누구에게 베풀어야 하나요?

To whom is baptism to be administered?

유형적 교회 밖에 있는 사람은 어느 누구라도 그리스도에 대한 믿음과 순종을 고백하기 전까지는 세례를 받을 수 없습니다. 다만 입교한 교인의 유아는 세례를 받을 수 있습니다.

Baptism is not to be administered to any that are out of the visible church, till they profess their faith in Christ, and obedience to him; but the infants of such as are members of the visible church, are to be baptized.

베드로가 이르되 너희가 회개하여

각각 예수 그리스도의 이름으로 세례를 받고 죄 사함을 받으라

그리하면 성령의 선물을 받으리니 _사도행전 2장 38절

제96문답

주의 성찬이란 무엇인가요?

What is the Lord's Supper?

주의 성찬이란, 그리스도께서 지정하신 대로 빵과 포도주를 주고받음으로 그분의 죽음을 나타내 보이는 성례입니다. 육체적이고 정욕적인 방식을 따르지 않고 믿음으로 합당하게 성찬을 받은 사람은 그리스도의 몸과 피에 동참하는 자가 되어 그리스도의 모든 유익과 영적 양식을 얻고 은혜 안에서 성장합니다.

The Lord's Supper is a sacrament, wherein, by giving and receiving bread and wine, according to Christ's appointment, his death is shewed forth; and the worthy receivers are, not after a corporal and carnal manner, but by faith, made partakers of his body and blood, with all his benefits, to their spiritual nourishment, and growth in grace.

우리가 축복하는 바 축복의 잔은 그리스도의 피에 참여함이 아니며

우리가 떼는 떡은 그리스도의 몸에 참여함이 아니냐

_고린도전서 10장 16절

제97문답

주의 성찬을 합당하게 받기 위해 요구되는 것은 무엇인가요?

What is required to the worthy receiving of the Lord's Supper?

주의 성찬에 합당하게 참여하려는 사람은 주님의 몸을 분별하는 지식과, 주님을 양식으로 삼는 믿음과, 회개와 사랑과 새로운 순종함에 대해 스스로를 점검해야 합니다. 이는 주의 성찬에 합당하지 않게 와서 자신들에게 임하는 심판을 먹고 마시는 일이 없도록 하기 위함입니다.

It is required of them that would worthily partake of the Lord's Supper, that they examine themselves of their knowledge to discern the Lord's body, of their faith to feed upon him, of their repentance, love, and new obedience; lest, coming unworthily, they eat and drink judgment to themselves.

주의 몸을 분별하지 못하고 먹고 마시는 자는 자기의 죄를 먹고 마시는 것이니라 _고린도전서 11장 29절

제98문답

기도란 무엇인가요?

What is prayer?

기도는 우리의 갈망을 하나님께 드리되, 우리 죄를 고백하고 하나님의 자비로우심을 감사히 인정하면서 하나님의 뜻에 합당한 것을 그리스도의 이름으로 드리는 것입니다.

Prayer is an offering up of our desires unto God, for things agreeable to his will, in the name of Christ, with confession of our sins, and thankful acknowledgment of his mercies.

만일 우리가 우리 죄를 자백하면 그는 미쁘시고 의로우사 우리 죄를 사하시며 우리를 모든 불의에서 깨끗하게 하실 것이요 _요한1서 1장 9절

제99문답

하나님께서 우리에게 기도의 지침으로 주신 규칙은 무엇인가요?

What rule hath God given for our direction in prayer?

하나님의 모든 말씀이 기도의 지침으로 유용하지만, 특별히 지시하신 규칙은 보통 주기도문이라고 불리는 그리스도께서 제자들에게 가르치신 기도의 형식입니다.

The whole word of God is of use to direct us in prayer; but the special rule of direction is that form of prayer which Christ taught his disciples, commonly called The Lord's Prayer.

그를 향하여 우리가 가진 바 담대함이 이것이니

그의 뜻대로 무엇을 구하면 들으심이라 _요한1서 5장 14절

제 100 문답

주기도문의 서문은 우리에게 무엇을 가르치나요?

What doth the preface of the Lord's prayer teach us?

주기도문의 서문 “하늘에 계신 우리 아버지여”는 자녀가 아버지에게 하듯 우리를 도우실 능력이 있고 도울 준비가 되어 있는 하나님께 거룩한 경외와 신뢰를 가지고 가까이 나아갈 것을 가르치며, 또한 다른 사람과 함께 기도하고 서로를 위해 기도해야 함을 가르칩니다.

The preface of the Lord's prayer (which is, *Our Father which art in heaven*) teacheth us to draw near to God with all holy reverence and confidence, as children to a father, able and ready to help us; and that we should pray with and for others.

너희가 아들이므로 하나님이 그 아들의 영을 우리 마음 가운데 보내사 아빠 아버지라 부르게 하셨느니라 _갈라디아서 4장 6절

제 101 문답

주기도문의 첫 간구에서 우리는 무엇을 위해 기도하나요?

What do we pray for in the first petition?

주기도문의 첫 간구 "이름이 거룩히 여김을 받으시오며"에서 우리는 하나님께서 스스로 나타내시는 모든 일에 우리와 다른 사람들이 능히 하나님을 영화롭게 할 수 있도록 하시고, 모든 것을 하나님 자신의 영광이 되도록 처리해 주시기를 기도합니다.

In the first petition (which is, *Hallowed be thy name*) we pray, That God would enable us and others to glorify him in all that whereby he maketh himself known, and that he would dispose all things to his own glory.

하나님이여 민족들이 주를 찬송하게 하시며

모든 민족들이 주를 찬송하게 하소서 _시편 67장 3절

제 102 문답

주기도문의 두 번째 간구에서 우리는 무엇을 위해 기도하나요?

What do we pray for in the second petition?

주기도문의 두 번째 간구 "나라가 임하시오며"에서 우리는 사탄의 나라가 멸망하고 은혜의 나라가 흥하여 우리와 다른 사람들이 그리로 들어가 머물게 되기를, 또한 영광의 나라가 속히 임하기를 기도합니다.

In the second petition (which is, *Thy kingdom come*) we pray, That Satan's kingdom may be destroyed; and that the kingdom of grace may be advanced, ourselves and others brought into it, and kept in it; and that the kingdom of glory may be hastened.

이것들을 증언하신 이가 이르시되 내가 진실로 속히 오리라 하시거늘

아멘 주 예수여 오시옵소서 _요한계시록 22장 20절

제 103 문답

주기도문의 세 번째 간구에서 우리는 무엇을 위해 기도하나요?

What do we pray for in the third petition?

주기도문의 세 번째 간구 "뜻이 하늘에서 이루어진 것같이 땅에서도 이루어지이다"에서 우리는 하늘에서 천사들이 그러하듯 하나님의 은혜로써 우리가 모든 일에 능히 또한 기껍게 그분의 뜻을 알고 순종하며 따르게 하시기를 기도합니다.

In the third petition (which is, *Thy will be done in earth, as it is in heaven*) we pray, That God, by his grace, would make us able and willing to know, obey, and submit to his will in all things, as the angels do in heaven.

조금 나아가사 얼굴을 땅에 대시고 엎드려 기도하여 이르시되

내 아버지여 만일 할 만하시거든 이 잔을 내게서 지나가게 하옵소서

그러나 나의 원대로 마시옵고 아버지의 원대로 하옵소서 하시고

_마태복음 26장 39절

제 104 문답

주기도문의 네 번째 간구에서 우리는 무엇을 위해 기도하나요?

What do we pray for in the fourth petition?

주기도문의 네 번째 간구 "오늘 우리에게 일용할 양식을 주시옵고"에서 우리는 하나님의 대가 없는 선물로서 이 세상의 좋은 것들을 충분히 받게 되기를, 그리고 그 모든 것과 함께 하나님의 축복을 즐거워하기를 기도합니다.

In the fourth petition (which is, *Give us this day our daily bread*) we pray, That of God's free gift we may receive a competent portion of the good things of this life, and enjoy his blessing with them.

주기도문의 네 번째 간구

곧 헛된 것과 거짓말을 내게서 멀리 하옵시며

나를 가난하게도 마옵시고 부하게도 마옵시고

오직 필요한 양식으로 나를 먹이시옵소서 _잠언 30장 8절

제 105 문답

주기도문의 다섯 번째 간구에서 우리는 무엇을 위해 기도하나요?

What do we pray for in the fifth petition?

주기도문의 다섯 번째 간구 "우리가 우리에게 죄지은 자를 사하여 준 것같이 우리 죄를 사하여 주시옵고"에서 우리는 하나님께서 그리스도로 인해 우리의 모든 죄를 대가 없이 용서해 주시기를 기도합니다. 우리가 이것을 더욱 담대하게 구할 수 있는 이유는, 하나님의 은혜로 우리가 다른 사람들을 진심으로 용서할 수 있기 때문입니다.

In the fifth petition (which is, *And forgive us our debts, as we forgive our debtors*) we pray, That God, for Christ's sake, would freely pardon all our sins; which we are the rather encouraged to ask, because by his grace we are enabled from the heart to forgive others.

주의 얼굴을 내 죄에서 돌이키시고 내 모든 죄악을 지워 주소서

하나님이여 내 속에 정한 마음을 창조하시고

내 안에 정직한 영을 새롭게 하소서 _시편 51편 9-10절

제 106 문답

주기도문의 여섯 번째 간구에서 우리는 무엇을 위해 기도하나요?

What do we pray for in the sixth petition?

주기도문의 여섯 번째 간구 "우리를 시험에 들게 하지 마시옵고 다만 악에서 구하시옵소서"에서 우리는 하나님께서 우리를 범죄의 유혹에서 지켜 주시기를, 또는 우리가 시험을 당할 때 도우시고 건져 주시기를 기도합니다.

In the sixth petition (which is, *And lead us not into temptation, but deliver us from evil*) we pray, That God would either keep us from being tempted to sin, or support and deliver us when we are tempted.

시험에 들지 않게 깨어 기도하라

마음에는 원이로되 육신이 약하도다 하시고

_마태복음 26장 41절

제 107 문답

주기도문의 맺음말은 우리에게 무엇을 가르치나요?

What doth the conclusion of the Lord's prayer teach us?

주기도문의 맺음말인 "나라와 권세와 영광이 아버지께 영원히 있사옵나이다 아멘"은 우리에게 기도할 때 오직 하나님으로부터만 용기를 얻을 것, 기도 중에 나라와 권세와 영광을 하나님께 돌리며 그분을 찬양할 것, 그리고 우리의 소원을 들어주실 것을 확신하는 표시로 '아멘'이라고 말할 것을 가르칩니다.

The conclusion of the Lord's prayer (which is, *For thine is the kingdom, and the power, and the glory, for ever, Amen*) teacheth us to take our encouragement in prayer from God only, and in our prayers to praise him, ascribing kingdom, power, and glory to him. And, in testimony of our desire, and assurance to be heard, we say, *Amen*.

곧 우리 구주 홀로 하나이신 하나님께

우리 주 예수 그리스도로 말미암아 영광과 위엄과 권력과 권세가

영원 전부터 이제와 영원토록 있을지어다 아멘 _유다서 1장 25절

내 손에 쏙,

웨스트민스터 소요리 문답

초판 1쇄 발행 | 2017년 1월 13일
초판 4쇄 발행 | 2023년 6월 21일

일러스트 | 강한나 · 강지나
발행처 | 마음지기
발행인 | 노인영
기획 · 편집 | 박운희 · 김현준
디자인 | 박옥

등록번호 | 제25100-2014-000054(2014년 8월 29일)
주소 | 경기도 화성시 효행로 1337-26(반월동) 102동 1703호
전화 | 02-6341-5111 **FAX** | 0504-407-9149
이메일 | maum_jg@naver.com

※ 책 값은 뒤표지에 있습니다.
※ 잘못 만들어진 책은 바꿔 드립니다.

· ISBN 979-11-86590-18-8 03230

마음지기는

성공은 사람을 넓게 만듭니다. 그러나 실패는 사람을 깊게 만듭니다. 마음지기는 성공을 통해 그 지경을 넓혀 가고, 때때로 찾아오는 어려움을 통해서 영의 깊이를 더해 갈 것입니다. 무슨 일에든지 먼저 마음을 지킬 것입니다.

높은 산꼭대기에 있는 나무의 뿌리가 산 아래 있는 나무의 뿌리보다 깊습니다. 뿌리가 깊기에 견고히 설 수 있습니다. 마음지기는 주님께 깊이 뿌리내리고 그 어떤 상황에서도 주님을 찬양할 것입니다.

"하나님과 가까이 교제하고 교감하는 사람은 그렇지 못한 사람보다 더 행복하다"라고 마시 시머프는 말했습니다. 마음지기는 하나님과 교감하고 교제하기 위해서 하루 24시간을 주님과 동행할 것입니다.

——— "모든 지킬 만한 것 중에 더욱 네 마음을 지키라 생명의 근원이 이에서 남이니라" 잠언 4:23